세계
인권
선언의
탄생

1948.12.10.

Enregistré sous le nom :

LA PETITE BÉDÉTHÈQUE DES SAVOIRS 16
LES DROITS DE L'HOMME

© ÉDITIONS DU LOMBARD (DAGAUD-LOMBARD S.A.) 2017
by THIERRY BOUÜAERT, FRANÇOIS DE SMET
www.lelombard.com

All rights reserved

Korean translation Copyright © Green Knowledge Publishing Co., 2018
Arranged through Icarias Agency, Seoul

세계
인권
선언의
탄생

1948.12.10.

프랑수아 드스메 글
티에리 부에르 그림
이희정 옮김

푸른
지식

들어가는 글

2550년 전, 이라크에서···

아케메네스(Achaemenes)왕조는 아케메네스를 시조로 하는 페르시아제국이다. 기원전 559~529년 아케메네스왕조의 군주 키루스 2세(Cyrus II)는 30년도 안 되는 기간에 중동과 소아시아, 즉 서쪽으로는 보스포루스해협에서 이스라엘까지, 동쪽으로는 아프가니스탄에서 파키스탄까지에 이르는 광대한 영토를 정복하고 제국을 영광의 절정에 올려놓았다. 역사상 유례가 없는 거대 제국이 탄생했지만 그 과정에서 일으킨 전쟁들 역시 전례 없이 끔찍한 규모였다. 수많은 도시와 지방을 피와 무력으로 제압한 끝에 키루스는 페르시아제국 최초의 대왕이 되었다.

그런데 키루스라는 인물이 무자비하고 만족을 모르는 정복자로만 역사에 남은 것은 아니었다. 역설적이게도 키루스는 선하고 신중하고 무척 정의로운 사람이었다. 키루스는 이 흔치 않은 장점을 이용해서 자신이 무릎을 꿇린 백성뿐만 아니라 영토를 빼앗은 왕들까지 차근차근 제 편으로 만들었다. 키루스의 정의는 최고의 승리로 손꼽히는 바빌론 기습 공격 후에 빛을 발했다. 당시 칼데아(Chaldea)의 우주생성론에 따르면 우주에 나타난 최초의 도시인 바빌론은 그 어떤 다른 도시보다 압도적으로 부유하고, 당시 세계의 중심으로 불리던 명망이 높은 도시였다. 바빌론을 정복한 후 키루스는 문서를 하나 작성했는데, 「키루스의 원통 비문(Cyrus Cylinder)」이라는 이름으로 지금까지 전해진다. 1879년 영국이 바빌론 유적을 발굴하다가 발견한 진흙으로 만든 원통이며, 표면에 아카드(Akkad)어 설형문자로 글을 새겨놓았다. 이 비문은 우리에게 약 2500년 전 키루스의 생생한 목소리를 전해준다. 비문은 자신만만한 선언으로 시작한다.

"나는 키루스, 세상의 왕, 위대한 왕, 강력한 왕, 바빌론의 왕, 수메르와 아카드의 왕, 4개국의 왕…."

그리고 곧 역사상 유례없이 놀라운 중용과 지혜를 펼쳐놓는다. 키루스는 바빌로니아 백성에게 선정을 베풀었을 뿐 아니라 종교의 자유, 각자 직업을 선택할 자유를 선포했다. 특히 노예제도를 폐지하고 제국의 모든 노예를 해방하여 고향으로 돌아갈 수 있도록 도왔다. 이러한 결정을 내림으로써 키루스는 유대 민족의 운명을 결정하는 중요한 소임을 맡게 되었다. 50년이 넘는 세월 동안 바빌론에 포로로 잡혀 있던 유대 민족을 예루살렘으로 돌려보낸 것이다. 『성경』에도 기록되어 있다.

"바로 내가 그(키루스)를 의의 도구로 일으켰으니, 그의 모든 길을 평탄하게 하겠다. 그가 나의 도성을 재건하고, 포로 된 나의 백성을 대가도 없이, 보상도 받지 않고, 놓아줄 것이다.[1]"

1971년 유엔(국제연합)은 당시 132개 회원국을 위해 「키루스의 원통 비문」을 유엔 공식 언어로 번역하고 최초의 인권 헌장으로 소개했다.

함무라비 가라사대…

우리가 아는 한 「키루스의 원통 비문」은 가장 오래된 법전이 아니다. 역시 메소포타미아 출신인 함무라비(Hammurabi) 왕이 선포한 법전이 더 오래되었다. 2미터 정도 되는 현무암 비석에 새겨진 「함무라비법전」은 『성경』의 율법보다 오래되고, 「키루스의 원통 비문」보다 1000년도 더 전에 편찬되었다. 이라크, 페르시아만과 국경을 맞대고 있는 이란 남서쪽 수사(Susa)에 있는 유적에서 발견되었다. 282개 조항으로 이루어진 완전한 성문법이며, 법적인 동시에 주술적이다. 어떤 행동에 어떤 결과가 따르는지를 줄줄이 나열하는 방식으로 쓰였다.

"만약 사람이 자유민의 눈을 빠지게 한다면 그의 눈도 뺄 것이다. 만약 사람이 자유민의 이를 부러뜨리면 그의 이도 부러뜨릴 것이다."

「함무라비법전」은 함무라비 통치 말기에 편찬되었으므로 후세

---

1) 「이사야서」 45장 13절(이하 성경에서 인용한 내용은 『표준새번역 성경』을 기준으로 한다.)

왕들에게 전하는 정치적 유언으로 볼 수도 있다. 그래서인지 수세기가 흘러도 이 법전은 계속 베껴지고 수많은 문화권에 스며들었다. 유대 · 기독교 문화권도 예외는 아니었다.[2] 어떤 의미에서 「함무라비법전」은 「세계인권선언」의 전신이라고 평가할 수도 있다. 몇몇 구절을 보면 강자의 횡포에서 약자를 보호하려고 정의를 부르짖는 왕의 목소리가 담겼기 때문이다.[3] 「키루스의 원통 비문」과 비슷한 부분이다. 물론 노예제도를 폐지한 키루스와는 달리 「함무라비법전」에는 노예제를 정당화하는 구절이 있다.

"남자의 가슴 털이 위쪽으로 굽실거리면 노예가 될 것이다."[4]

반면 「키루스의 원통 비문」에는 법이 모든 사람에게 보편적으로 적용되어야 한다는 왕의 의도가 고스란히 담겼다.

자연스럽게 퍼져나간 최초의 '인권'

키루스가 이끈 최초의 '인권' 혁명 이전에는 사람들이 오직 자기 마을이나 씨족 내에서만 보호될 수 있었다. 페르시아 왕 키루스의 생

---

2) "그러나 그 여자가 다쳤으면 가해자에게는 목숨은 목숨으로, 눈은 눈으로, 이는 이로, 손은 손으로, 발은 발로, 화상은 화상으로, 상처는 상처로, 멍은 멍으로 갚아야 한다."(「출애굽기」 21장 23~25절) 「출애굽기」의 가장 오래된 구절은 「함무라비법전」이 나온 지 1000년쯤 뒤인 기원전 8세기로 거슬러 올라간다.

3) 「함무라비법전」보다 먼저 나온 법전이 있다. 이라크에서 기원전 24세기 무렵에 수메르어로 쓴 점토판이 발견되었는데, 이것이 지금까지 전해져 오는 가장 오래된 법전이다. 이 법전은 라가시(Lagash)의 우루카기나(Urukagina) 왕이 만들었다. 우루카기나는 부유한 사람들에게 억압된 가난한 사람들의 상황을 개선함으로써 사회 평화를 확립한 최초의 왕으로 알려졌다.

4) 「함무라비법전」의 규범 인용. cité par Laurent de Sutter in La voie du droit, pp.8-9, Dalloz, 2014.

각은 인도와 그리스 세계까지 퍼져나갔다. 바빌론을 점령한 지 겨우 수십 년밖에 지나지 않았을 때, 역사가 헤로도토스(Herodotos)와 비극 작가 아이스킬로스(Aeschylos)가 키루스를 칭송하는 글을 썼다.[5) 소포클레스(Sophocles)는 《안티고네(Antigone)》에서 국가의 법보다 개인의 양심이 우위에 있다고 썼는데, 이러한 세계관은 확실히 키루스의 정의에서 영향을 받았다. 하지만 키루스가 전 세계에 적용되리라는 희망으로 만든 법은 끝내 완전히 받아들여지지 않았다. 기원전 547년 팀브라 전투(Battle of Thymbra)에서 키루스는 리디아의 왕 크로이소스(Kroisos)를 물리쳤다. 7대 불가사의 중 하나인 에페수스(Ephesus)의 아르테미스신전(Artemision)을 재건축하기도 했던 크로이소스는 부유하기로 유명했었다. 어떤 인권 선언도 전쟁이나 정복을 완전히 없앨 수는 없었으므로 키루스의 보편주의적 관점은 시대와 문명을 뛰어넘었다고 할 수 있다. 키루스가 남긴 아케메네스제국은 기원전 330년 알렉산드로스(Alexandros)대왕의 손아귀에 떨어졌고, 그 뒤 그리스 세계는 로마의 폼페이우스(Magnus Gnaeus Pompeius)와 카이사르(Julius Caesar)가 지배하게 되었다. 로마인은 키루스의 보편주의적 관념을 고대 세계로 불러와서 '자연법'이라는 개념을 만들어냈다. '자연법'이란 자연에서 나

---

5) "유복한 군주 키루스가 제국을 이루어 모든 백성에게 평화를 가져다주었네. 키루스는 리디아와 프리기아를 손에 넣고 리디아를 정복했다네. 키루스는 겸손했기에 신들의 노여움을 전혀 사지 않았네." Eschyle, Les Perses, Garnier Flammarion, 2014.

온 모든 것과 모든 인간에게 보편적으로 적용되는 법을 말한다.

키케로(Marcus Tullius Cicero)는 자연법을 이렇게 설명했다.

"다른 법들로 약화할 수도 없고, 그중 일부를 위반할 수도 없으며, 전체를 폐지할 수도 없다. 원로원도, 민중도, 그 누구도 이 법에 복종해야 할 의무에서 우리를 면제해줄 수 없다. 이 법을 설명해줄 해설자도 필요하지 않다. 로마에서 다르고 아테네에서 다르며, 오늘 다르고 내일 다른 법이 아니라 모든 시대와 모든 사람에게 적용되는 단일하고 영원불변한 법이다."[6]

자연법은 이성에 기초한 법이자, 우주 그 자체인 보편적 신이 만든 법이었다. 인권의 '보편성'과 일맥상통하는 이러한 세계관은 콘스탄티누스 1세(Constantinus I)부터 토마스 아퀴나스(Thomas Aquinas)까지 기독교 사상에 깊은 영향을 주었다.

기독교를 박해한 갈레리우스

3세기에 로마제국은 연달아 닥친 심각한 위기로 큰 어려움에 빠졌다. 흑사병 창궐, 연이은 패전, 속주들을 휘청거리게 한 흉년, 과다한 세금, 정치·사회·문화적 위기 등으로 로마제국은 벼랑 끝에 선 신세였다. 너무나 갑작스럽게 악운이 몰아쳐서 사람들은 신들이 복수하는 것으로 여겼다. 그때까지 굳건하고 변함없던 '팍스데

---

6) Cicéron, De Republica, chap. XXII, 33, Gallimard, 1994.

오룸(Pax Deorum, 신들이 이룬 평화)' 위에 세워진 로마 사회가 요동쳤다. 오랫동안 인간에게 외면을 받은 신들이 화가 났으니 신앙심을 회복해야 한다는 주장이 힘을 얻었다. 전통적 가치가 다시 소환되었고, 감히 그에 따르지 않는 시민은 누구든 목숨을 잃거나 감옥에 갇혔다. 이러한 새로운 법의 첫 목표 대상은 주로 기독교를 믿는 사람들이었다. 기독교 신자의 일신주의와 로마 신들을 거부하는 태도는 제국의 존속마저 위태롭게 하는 행위로 치부되었다. 초기 기독교인들은 희생양으로 낙인찍히자마자 특히 무거운 대가를 치러야 했다. 이전부터 박해는 늘 있었으므로 별다른 차이가 없으리라 여겼지만, 298년부터는 상황이 완전히 바뀌고 말았다. 기독교를 끔찍이 혐오하는 것으로 유명했던 갈레리우스(Caius Valerius Galerius Maximianus) 황제가 신도를 싹쓸이하는 수준의 유례없는 박해 정책을 펼친 것이다. 역사를 돌아봐도 갈레리우스 치하의 로마제국처럼 기독교 박해 조치가 강력하게 취해진 적은 없었다. 303년 갈레리우스는 함께 로마를 다스리던 디오클레티아누스(Gaius Aurelius Valerius Diocletianus) 황제에게 제안해 기독교인의 집회를 금지하고, 교회를 파괴하고, 성서를 없애며, 모든 기독교인의 법적 권리를 박탈하는 칙령을 두 차례에 걸쳐 공포하게 했다. 고문, 노예화, 처형까지 할 수 있게 한 칙령이 갈리아에서 메소포타미아까지 제국 전역에 선포되었다. 하지만 311년 4월 30일 임종하던 날, 병고와 후회 때문이었는지 아니면 기독교의 신이 복수할까 봐 두려워서

였는지, 그토록 강경하던 갈레리우스가 로마제국에서 기독교인에게 가했던 모든 박해를 중단하며 더는 다른 신들을 숭배하도록 강제하지 않겠다는 칙령을 공포했다. 칙령에는 한 걸음 더 나아가 기독교를 로마제국의 종교로 인정하고 받아들이겠다는 내용까지 포함되었다. 「세르디카칙령(Edict of Serdica)」이라고도 하는 이 문서는 2년 뒤 「밀라노칙령(Edict of Milan)」으로 더 잘 알려진 콘스탄티누스 대제의 「종교 관용 칙령(Edict of Toleration)」으로 재탄생하여 기독교인에게 종교와 양심의 자유를 보장하게 되었다. 오늘날에도 종교와 양심의 자유가 가장 우선하는 기본권임을 생각해볼 때 아주 의미 있는 진전이었다.

아우스족과 하즈라지족

키루스의 관대한 생각을 모든 황제가 우선시한 건 아니었지만 그리스인과 로마인, 특히 개인성을 열렬히 숭배하던 이들은 오랫동안 자연법을 받아들였다. 그렇게 수 세기가 흐른 뒤, 인류는 또다시 끔찍한 전쟁을 일으켜 서로 죽이기 시작했다. 다시금 보편적으로 적용되는 새로운 권리의 필요성이 대두되었다. 7세기 초, 지금의 사우디아라비아에 있던 야스리브(Yathib, 메디나)에서는 여러 아랍 부족이 뒤얽혀서 전쟁을 벌이고 있었다. 이들은 아우스(Aws)족과 하즈라지(Khazraj)족이 이끄는 두 무리로 나뉘어 오랫동안 대립했는데, 당시 그 지역에 살던 몇몇 유대인 부족까지 관련되어 있었다. 지역 전체를 초토화했던 무자비한 전쟁은 617년 메디나에서 벌어진 부아트 전투(Battle of Bu'āth)로 정점을 이루었다. 이 전투로 양측의 부족장을 포함해 수많은 사람이 죽은 바람에 얼마 동안 정치적 불안과 경제 침체를 겪어야 했다. 이런 상황 탓에 예언자 무함마드는 메디나로 가게 되었고, 622년 「메디나 헌장(Dustūr al-Madīnah)」을 선포했다. 50조로 이루어진 이 헌장은 정교일치인 이슬람 공동체의 기반이 되었다.[7] 「메디나 헌장」은 일신교를 믿는 이들에게만 허용하긴 하지만 여러 가지 면에서 보편적인 권리를 존중했다. 예를 들어 여성이나 유대인과 그들의 종교를 보호할 것을 주상하기도 하고, 계층과 출신지에 상관없이 모든 신자를 보호하자고 주장하기도 했다.[8]

존 왕과 「마그나카르타」

13세기 초 영국의 존(John) 왕은 당대에 가장 미움을 받는 군주였다. '땅을 잃은 왕'이라는 뜻의 '실지왕(失地王)'이라는 별칭까지 얻은 존은 잔인하고 전제적인 폭군이었다. 권력을 남용하고 왕권을 이용해 봉건적, 법적 권리를 극단까지 밀어붙인 정치적 결정을 내

---

7) Histoire des religions, tome II, pp.674-675, Bibliothèque de la Pléiade, Gallimard, 1972.
8) 이처럼 「메디나 헌장」에는 사람들의 공동선을 추구하는, 당시로써는 진보적인 내용이 담겼다. 하지만 최근에 유엔 안보리 비상임이사국에 선출되기도 한 사우디아라비아는 오늘날에도 여전히 「세계인권선언」에 서명하지 않고 있다.

려서 백성은 왕을 끔찍이 싫어했다. 그 강렬한 혐오감은 앵글로 · 색슨 문화에 깊게 각인되어 전설적인 의적 영웅 로빈 후드나 셰익 스피어의 『존 왕(King John)』 같은 작품을 낳았다. 존은 봉신들에게 지나치게 과중한 세금을 부과해서 그들이 빚에 허덕이게 하고, 편 파적인 정책을 끝까지 밀어붙여서 결국 귀족 대부분이 반란을 일 으키게 했다. 집안도 단속하지 못하는데 바깥에서 잘할 리가 없었 다. 존 왕은 교황 인노켄티우스 3세(Innocentius Ⅲ)에게 파문되고, 프랑스 왕 필리프 오귀스트(Philippe Auguste)에게 패해서 프랑스에 있던 넓은 영지를 모두 잃었다. 키루스 왕과는 정반대의 길을 걸은 셈이다. 이런 상황은 국내에서 내분을 낳았다. 반란 귀족들은 존 왕 에게 왕의 권력을 제한하는 「마그나카르타(Magna Carta, 대헌장)」라 는 새로운 헌법에 서명하기를 종용했다. 왕, 봉신, 백성 간의 약정서 인 「마그나카르타」는 혁신적인 내용은 거의 없고 왕을 여전히 신처 럼 떠받들었다. 하지만 잊혔던 여러 권리를 복원하고 직권남용을 방지하는 내용이 담겼다. 「마그나카르타」는 오늘날에도 여전히 시 민의 권리를 보장한 영국 헌법의 기초로 여겨지며, 근대 민주주의 역사상 가장 중요한 문서로 손꼽힌다. 「마그나카르타」의 63개 조 항은 왕의 절대 권력을 제한할 뿐만 아니라 직권남용으로부터 모 든 자유민의 개인적 자유를 보장했다. 덕분에 영국은 처음으로 법 치국가로 전환하기 시작한 나라가 되었다. 이후 튜더왕조(Tudors) 에서 스튜어트왕조(Stuarts)로 이어지는 4세기의 공백기가 지난 다음, 1689년 수없이 많은 개선과 수정이 이루어진 「권리장전(Bill of Rights)」이 탄생했다.

제임스 2세와 「권리장전」

1685년 영국은 실지왕 존과 어깨를 나란히 할 만한 폭군을 맞게 되었다. 바로 영국과 스코틀랜드의 왕, 제임스 2세(James Ⅱ)였다. 영국은 프랑스에 오랜 원한이 있고 대부분 국민이 개신교도인데, 제임스 2세는 프랑스를 좋아하는 가톨릭 신자였다. 왕위에 오른 지 채 3년도 되지 않은 제임스 2세에게 귀족원(상원)과 서민원(하원)은 퇴위를 강요했다. 의회가 내세운 이유는 왕이 개신교를 억압하고 나라의 법과 자유를 위태롭게 한다는 것이었다. 법과 민주주의의 전문가들은 진정한 의미에서 인권이라는 개념은 1689년 「권리장전」에서 탄생했다고 본다. 13장으로 이루어진 「권리장전」은 최초로 신이 내린 권력이라는 개념을 부정하며 절대주의적 왕권을 끝냈다. 이제 인간의 법이 왕의 법 위에 서게 된 것이다. 「권리장전」은 철학자 존 로크(John Locke)의 도움과 참여로 작성되었다. 1년 후인 1690년 로크는 유명한 저서 『통치론(Two Treatises of Government)』을 써서 영국의 보편적 민주주의 발전에 한층 더 이바지했다.

"본래 인간은 모두 자유롭고 평등하고 독립된 존재이므로, 어떤

---

9) John Locke, Traité du gouvernement civil, Garnier Flammarion, p.250, 1984.

인간도 자신의 동의 없이 이러한 상태에서 쫓겨나서 다른 사람의 정치권력에 지배될 수 없다.[9]"

이러한 생각은 1789년 프랑스 국민의회(Assemblée Nationale)가 선포한 「인간과 시민의 권리선언(Déclaration des droits de l'homme et du citoyen)」1조에 또다시 등장한다.

"인간은 자유롭고 평등하게 태어나 존재할 권리가 있다."

프랑스의 「인간과 시민의 권리선언」은 미국의 「버지니아 권리장전 (Virginia Bill of Rights)」과 「독립선언문(Declaration of Independence)」 에서 많은 영향을 받았다. 영국의 식민지에서 벗어난 미국 13개 주 가 채택한 「독립선언문」의 초안은 변호사이자 훗날 미국의 3대 대 통령이 되는 토머스 제퍼슨(Thomas Jefferson)이 작성했다. 1776년 미국 버지니아주에서 채택한 「버지니아 권리장전」은 오늘날까지 도 정치적, 법적으로 완성된 진정한 최초의 인권선언문으로 손꼽 힌다.

잭 바워와 조지 부시

이제 21세기로 돌아와 보자. 2001년 3월, 일간지《마이애미 헤럴 드(Miami Herald)》와《유에스에이 투데이(USA Today)》가 의문을 제 기해, 플로리다주의 나소군(Nassau County)·마이애미데이드군 (Miami-Dade County)·팜비치군(Palm Beach County)에서 재검표에 착수했다. 그 결과 다시 한번 민주당 대선 후보 앨 고어(Al Gore)가

패배하고 조지 W. 부시(George W. Bush)가 43대 미국 대통령으로 당선됨이 확인되었다.

같은 시기 캐나다 토론토에서는 미국의 프로듀서이자 시나리오 작가, 조엘 서노우(Joel Surnow)와 로버트 코크런(Robert Cochran)이 함께 새로운 텔레비전 드라마 시리즈를 찍고 있었다. 그들은 그 드라마가 잡음 없이 텔레비전 역사에 한 획을 긋는 작품이 되기를 바랐다. 조엘 서노우가 특히 열심히 매달렸다. 서노우는 캘리포니아주 출신 유대계 미국인으로, 대부분 민주당 지지자인 할리우드에서는 이례적이게도 열렬한 공화당 지지자여서 플로리다주 소식에 누적 기뻐했다. 새로운 프로젝트도 조짐이 좋았다. 이야기 전개 방식이 굉장히 새로웠기 때문이다. 총 24편으로 이루어진 42분짜리 드라마인데 한 편의 이야기가 하루의 1시간 동안 벌어지는 '실시간' 구성 방식이었다. 설정은 단순하면서도 현실적이었다. 미국 민주당의 흑인 대선 후보인 데이비드 파머(David Palmer, 버락 오바마(Barack Obama)의 등장을 예견하는 듯한 등장인물)가 테러 위협에 시달린다. 극 중에서 CIA의 가상 지국인 로스앤젤레스에 있는 대테러 기관 CTU의 요원으로 나오는 잭 바워(Jack Bauer)는 주어진 단 24시간 동안 테러를 막으려고 고군분투한다.

언론 재벌 루퍼트 머독(Rupert Murdoch)이 소유한 폭스(Fox) 방송사는 시나리오를 매우 꼼꼼히 검토하고 방영 시간까지 신경을 썼다. 원래 첫 회를 2001년 10월 30일에 방영하기로 했었지만, 드라마의 가상 정치 세계가 9 · 11 테러라는 현실과 맞물려서 방영일을 11월 6일로 연기했다. 〈24〉는 큰 성공을 거두며 아홉 시즌에 걸쳐 204편까지 나왔다. 한창 인기가 높을 때는 1400만 명에 이르는 미국 시청자가 열광하기도 했다. 드라마 〈24〉는 상황 설정이 손에 땀을 쥐게 할 뿐만 아니라 시즌 4부터는 9 · 11 테러 이후로 모든 현대 민주주의국가에 제기된 의미심장한 질문들을 던지고 답한다. 테러와 싸운다는 명목으로 국가가 개인을 고문할 수 있는가? 사실 〈24〉의 시나리오작가들은 극이 나아가게 하는 극적인 도구로 고문하는 장면을 계속 등장시켰다. 그래서 〈24〉에는 처음부터 시즌 5까지 70개쯤 되는 장면에 인간의 기본권을 침해하는 여러 가지 비통상적인 방법이 나왔다. 잭 바워는 때때로 그에 대해 변명하며, 자신은 고문한 것이 아니라 반드시 해야만 하는 일을 그저 했을 뿐이라고 주장한다.[10]

미국 의회는 2001년 10월 26일, 미국의 영토 밖에서는 고문을 허용하는 「미국 애국법(USA Patriot Act)」을 채택하며 「세계인권선언(Universal Declaration of Human Rights)」의 원칙들을 모르는 척했다. 이에 따라 2002년 쿠바에 관타나모수용소(Guantánamo Bay De-

---

10) 〈24〉에 나오는 이러한 고문 장면들은 다른 미국 영화나 드라마에도 영향을 미쳤다. 프랑스국립과학연구소(CNRS)의 예술과 언어 분야 연구원, 크리스티앙 살몽(Christian Salmon)은 이렇게 설명한다. "2002~2005년 프라임타임에 적어도 624개 고문 장면이 방영되었다. 1996~2001년에 102개 장면이 방영된 것에 비교하면 많이 늘어난 수치다." 2008년 3월 14일 자, 《르몽드(Le Monde)》 칼럼.

tention Camp)가 개설되고, 2003년 이라크에 아부그라이브교도소(Abu Ghraib prison)라는 이름으로 더 잘 알려진 바그다드중앙수용소(Baghdad Central Detention Center)가 문을 열었다. 이 두 곳에서 미국 특수부대 대원들이 포로들에게 가혹 행위를 한 사실을 전 세계 언론에서 대서특필했다. 2004년 작성된 미국 정부 보고서에 따르면 이런 가혹 행위는 드라마 〈24〉에 나온 고문 방법을 재현한 것이라고 한다.

인권의 미래는?

이 책의 저자 프랑수아 드스메가 매우 명확하게 설명하듯, 1948년 발표된「세계인권선언」은 아주 이례적인 역사적 상황에서 나왔다. 그것은 6500만 명이 사망한 인류 역사상 가장 끔찍한 전쟁인 제2차 세계대전이었다.

　「키루스의 원통 비문」,「밀라노칙령」,「마그나카르타」,「권리장전」, 미국의「독립선언문」, 1789년 프랑스의「권리선언」등 모든 인권선언문이 나온 상황을 살펴보면 정도는 다르지만 다 끔찍하고 잔인한 시기가 지난 직후였다. 사람들은 폭력과 잔혹한 상황에 너무나도 시달려 넋이 나간 상태였다. 이러한 유사성을 알면 우리는 인권의 개념이 형성된 과정을 더 잘 이해할 수 있다. 도저히 잊지 못할 죄를 저지른 뒤, 사람들은 세계 모든 이에게 보편적으로 적용할 권리를 법으로 정하고 잊지 않으려 했다. 오늘날까지도 모든 나라가 「세계인권선언」에 서명한 것은 아니다. 또 그 원칙들에는 계속 논란이 제기되고 있다. 관타나모수용소에서 가해졌던 고문이라든가, 비호권과 난민 신청자의 권리를 점점 더 축소하여 해석하는 상황을 보면서 우리는 이제 모두 1948년 「세계인권선언」이 포함하는 조항의 힘이 약하다는 것을 안다. 이른바 '민주국가'라는 수많은 나라가 「세계인권선언」을 무시하려는 시도를 점점 더 많이 한다. 앞으로 사람들이 함께 살아가려면 반드시 있어야 할 규칙들을 더 완전하고 보편적으로 만들게 되기를, 그런 규칙들을 만드는 데 새로운 비극이 이젠 없어도 되기를 바랄 뿐이다.

다비트 판데르뮐런(David Vandermeulen)

안녕, 이름 모를 지구인.

내 소개를 할게.
나는 「세계인권선언」이야.

다시 말해,
당신의 가장 좋은 친구지.

잊기 어려운 날짜지.
지금도 여전히 사람들은 매년
이날에 천조망 무늬를 그려
넣은 예쁜 촛불을 밝혀.
인류의 양심을 표현하는 거지.

사상의 자유가 맨 마지막까지
지켜야 할 확신인 것처럼.

모두가 끝까지
힘을 합쳐서.[1]

우리는 모두 샤를리다.

우리는 모두
샤를리다.

JE SUIS CHARLIE

나는
샤를리다.

파리와 뉴욕을 오가며 여러 달 동안 지루한 토론과 협상을 거친 다음, 마침내 내가 채택되었어.

봐, 나 정말 근사하지.

THE UNIVERSAL DECLARATION
of Human Rights

나를 세상에 내놓은 외교관들을 좀 봐.
내가 인류를 구원하리라고 믿어.

23

내가 그들 자신도 구원할 수 있다고 생각하는 것 같아.

전 세계의 대표들이 내 요람을 들여다보고 꽃을 보내줬어. 어쩌면 많은 요정이 이제 막 끝난 전쟁의 참상에서 벗어나고 순풍이 불길 기원했을지도 몰라.

그리고 앞으로 이어질 30년 간의 경제 부흥기도.

'보편적 인권'? 늘 하는 말이지. 내게 감히 반대표를 던지는 이 당연히 한 명도 없었어. 역시 뉘른베르크재판(Nürnberg Trial)이 끝난 지 얼마 지나지 않았으니까.

하지만 기권한 대표는 있었어. 소련은 협상에 참여했지만 '보편적'이라는 말에서 '제국주의'의 속내가 보인다는 의심을 떨치지 못했어.

당시 남아프리카공화국은 아파르트헤이트(Apartheid, 인종격리정책)를 아주 강력하게 시행하고 있었지. 그 정책을 폐기하고 다인종 민주주의국가가 되기까지 40년이 걸렸어.

소련 대표는 내가 주장하는 권리가 '200년은 더 된' 해묵은 것이라고 했어. 자유를 과도하게 보장한다, 정부가 더 개입해야 한다, 뭐 그런 거지.

남아프리카공화국은 인종차별 없이 누구나 동등한 권리를 누려야 한다는 개념을 이해하지 못했어.

사우디아라비아는 내가 자국의 종교와 여성을 차별하는 문화에 영향을 줄까 봐 나를 싫어했어. 중동 최대 산유국인 사우디에서는 그 뒤로도 수십 년 동안 이러한 상황이 거의 바뀌지 않았지.

하지만 사우디아라비아는 서구의 굳건한 동맹국이야. 9·11 테러를 일으킨 테러리스트 스무 명 중 열아홉 명이 사우디 사람이었지만 말이야.

벌써 소련의 위성국이 된 동구권 국가들도 기권 표를 던졌어. 강대국인 소련의 뜻에 따를 수밖에 없었거든.

외교는 마치 송유관 같아. 한번 뚫은 길에 이물질이 침투할 수 없지.

지금 보면 이해가 안 되겠지만 1989년까지 이런 상황이 쭉 이어졌어.

내 30개 조항은 선의로 가득 차 있어. 이걸 읽어보면 나를 쓰는 데 한 시간도 채 안 걸렸겠다고 생각할 수도 있어.

어쨌든 내가 나오기 전에 아주 뛰어난 선배들이 있었잖아? 프랑스 혁명 때 나온 「인간과 시민의 권리선언」이라든가, 미국의 「독립선언문」 알지?

하지만 전혀 그렇지 않았어. 여러 주 동안 협상과 토론이 이어졌지. 유엔답게 지극히 외교적인 형식이었지.

대서양을 오가며 뉴욕과 파리에서 회의만 수십 번을 했어.

초안작성위원회에는 열여덟 명의 위원이 있었어. 그중 여덟 명이 선도 위원이었지. 신생 기구였던 유엔은 빨리 결과를 내고 싶어 안달을 내며 재촉했어.

그리고 가장 치열하게 철학적인 토론을 거듭했던 '핵심 집단'이 있었어.

여기 봐, 내가 탄생하는 데 매우 큰 소임을 맡은 두 사람이 한창 의견을 나누고 있어. 엘리너 루스벨트(Eleanor Roosevelt)와 르네 카생(René Cassin)이야. 르네 카생은 법률가이자 이상주의자였어. (그래, 한 사람에게 그 두 가지 정체성이 동시에 있을 수 있다니까.)

유대인이기도 했지.

카생은 제1차 세계대전 중에 벌어졌던 독가스 공격에 큰 충격을 받았어.

제2차 세계대전 중에는 런던으로 망명한
샤를 드골(Charles de Gaulle)과 함께했지.

그런 경험이 카생에게 큰 영향을 준 것 같아.

카생은 굉장히 의욕에 넘쳐서 계속 문구를 손봤어.

카생은 홀로코스트의 생존자였어.

엘리너, 이래선 마무리를 지을 수가
없습니다. 서문을 잘 쓸 수 있도록
좀 도와주십시오.

그저 단순한 머리말이 아니에요.
우리가 왜 이 선언을 하고,
왜 지금 이 선언문을 작성하는지를
설명해야 합니다.

미리 말해두지만,
썩 외교적인 서문은 아니야.

'자식 바보'였던 카생은 갓 태어난 나를 애지중지 신경 쓰며 다른 위원들의 구미에도 맞추려고 애썼어.

때때로 혼자서 세계를 밝은 빛으로 이끌기라도 하는 양, 전 형적인 프랑스인처럼 오만하게 굴기도 했어. 하지만 인권선언 문의 아버지답게 카생은 무엇이 가장 중요한지를 잘 알았지.

그건 바로 내가 파리나 뉴욕의 회의장에서, 외교관들의 박수갈채와 회한이 가득 서린 미소 사이에서 태어난 게 아니라는 사실이야.

내가 태어난 곳은 여기야.[2]

ARBEIT MACHT FREI

아우슈비츠 강제 수용소

황량한 눈밭, 추위,
오물 속에서.

나는 화장터의 용광로에서 풍기는 악취 속에서 태어났어.
한 종족이 다른 종족을 몰살하려 했던, 가장 광범위한 시도를
상징하는 그곳에서.

제1조

모든 사람은 자유로운 존재로 태어났고, 똑같은
존엄과 권리를 가진다. 사람은 이성과 양심을
타고 났으므로 서로를 형제애의 정신으로 대해야 한다.

동족을 지구상에서 없애버리려고 과학과 기술을
사용한 전적은 오늘날까지도 인류의 치욕이 되었어.

총 600만 명의 유대인이 학살되었어.
거기에 처형된 집시, 동성애자, 레지스탕스,
정치범의 수를 합하면 어마어마하게
많은 사람이 희생되었지.

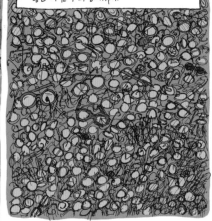

제2차 세계대전은 역사상 가장 많은 사상자를
낸 전쟁이었어. 5000만 명 이상의 민간인이 죽었지.

이 시점에서 전쟁을 떠올리는 것이 그렇게 중요한 일일까요?

자유는 그 자체로 소중한 가치라고 생각하지 않나요, 느네?

아닙니다. 맥락이 무척 중요합니다. '수정의 밤 (Kristallnacht)'[3]을 떠올려보세요. 반유대주의법도요. 우리는 아무런 행동도 취하지 않았어요. 겨우 취한 행동도 무척 소극적이고 너무 늦었죠.

히틀러가 유대인 600만 명을 죽일 수 있었던 이유가 있었어. '최종 해결' 훨씬 전부터 유대인에게서 모든 인간적 특성을 천천히 제거해나갔거든.

게다가 국내뿐 아니라 국외에서도 똑같이 했어.
1930년대부터 독일의 유대인 정책을 향해
국제적인 비난이 쏟아졌지만 나치는 끄떡도 않았지.

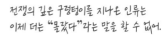

전쟁의 깊은 구렁텅이를 지나온 인류는
이제 더는 "몰랐다"라는 말을 할 수 없어.

르네 카셍은 나를 채택하는 투표 전날 이런 말을 했어. "독일인의 인권에 반하는 범죄는 다른 나라 국민의
인권에 반하는 범죄가 되었고, 얼마 지나지 않아 세계 전쟁이라는 최고의 범죄가 되었다."[4]

제3제국 최고의 선동가였던
괴벨스는 떠걸했어.
"우리는 모든 시대에 걸쳐…."

"가장 위대한 정치인으로 역사에 남을
것이다. 아니면 역사상 가장 악랄한
범죄자로 기록될 것이다."

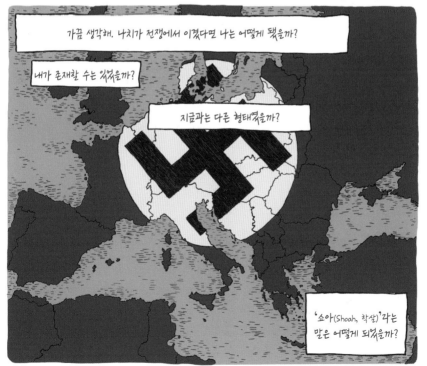

가끔 생각해. 나치가 전쟁에서 이겼다면 나는 어떻게 됐을까?

내가 존재할 수는 있었을까?

지금과는 다른 형태였을까?

'쇼아(Shoah, 학살)'라는
말은 어떻게 되었을까?

역사를 돌아보면 수많은 학살이 있었어. 무관심의 늪 속에 흑인 노예무역, 아메리카 원주민 학살, 나치 범죄 말고도 수많은 전쟁 범죄가 묻혔어. 그중 나치 범죄는 어디쯤 있을까?

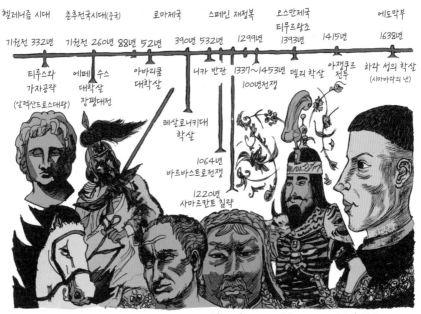

헬레니즘 시대   춘추전국시대(중국)   로마제국   스페인 재정복   오스만제국 티무르왕조   에도막부

기원전 332년   기원전 260년 88년 52년   390년 532년   1299년   1393년   1415년   1638년

티루스와 가자공략
(알렉산드로스대왕)

에페 수스 대학살 장평대전

아바리쿰 대학살

니카 반란

1337~1453년 100년전쟁

멜리 학살

아쟁쿠르 전투

하라 성의 학살 (시마바라의 난)

헤살로니키대 학살

1064년 바르바스트로전쟁

1220년 사마르칸트 침략

나를 쓴 사람들은 역사를 만든다는 기분을 느꼈지만, 동시에 역사는 거의 아무것도 아니라는 것도 깨달았어.

나를 선포하면서 사람들은 자기의 나약과 절망을 알게 되었고, 그것을 기념했어. 끔찍한 일을 겪고 나서 울고만 있을 게 아니라 그 일이 절대 다시 일어나지 않게 하려면 무엇을 해야 할까?

의장

나는 그저 이런저런 권리를 소개해놓은 안내서가 아니야.

망각에 맞서는 다리지.

악몽 같은 제2차 세계대전을 겪은 다음 인간은 깨닫게 되었어. 인간의 적은 언제나 인간 자신이리라는 사실을.

그래서 1945년, 내가 태어나기도 전에 사람들은 제노사이드(집단 학살)와
반인륜적 범죄라는 개념을 만들었지.

공소시효가 없는 중범. 그러니 원칙적으로는
절대로 잊을 수 없는 범죄야.

나를 작성하는 동안 한편으로 사람들은
정의를 기억하려고 노력하고 있었어.

봤어요, 르네? 뉘른베르크
크재판이 막바지를
향해 간다는군요.

이분은 엘리너 루스벨트야. 32대 미국 대통령이었던 남편 프랭클린이 얼마 전 세상을 떠났어.

도덕적 권위가 있는 분으로 나를 작성하는 위원회의 의장을 맡았지.

미국을 대표하는 인물이었어.

미국은 세계의 구원자라는 특권 의식, 힘과 자부심에 가득 차 있었어.

그리고 시민의 자유를 절대 진리처럼 여겼지.

연합국은 나치를 독일의 뉘른베르크에서 심판하기로 했어.
그 작은 도시는 히틀러가 제3제국 최초의 반유대주의법을 공표한 곳이었지.

승전국들의 법정이 있는 도시인 동시에 인간들을 몰살한 인간을 처벌한 최초의 장소였지.

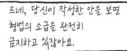
르네, 당신이 작성한 안을 보면 형법의 소급을 완전히 금지하고 있잖아요.

이런 모순 때문에 사람들이 우리를 비난할 수도 있을 것 같습니다.

사람들은 일이 저질러진 다음에야 비로소 '범죄'라는 이름을 붙입니다.

뉘른베르크재판이 전쟁의 참상을 기억하고자 열렸다는 것을 사람들은 잘 알죠.

모든 법은 수없이 많은 사람이 법을 위반해서 흘린 피가 섞인 잉크로 쓰였지.[5]

뉘른베르크는 악을 심판하는
법정이었나? 아마 그랬겠지.
하지만 승자가 패자를 심판하는
법정이기도 했어.

괴벨스는 틀렸어.
악랄한 나치는 졌지.

너무 명확하고, 너무 쉽지 않아?

악은 사이코패스 몇몇이 권력을
잡아서 생겨난 게 아니었을까?

그런 악을 나처럼
아름다운 윤리로 가득 찬
선언문으로 퇴치할 수
있을까?

뉘른베르크는 끔찍한 일이 벌어지게 한 평범한 악을 재판하는 법정이 아니었어. 그런 일은 그로부터 15년 뒤에나 할 수 있게 되었지.

1960년, 예루살렘.
아르헨티나에 숨어 살다가 이스라엘인들에게 붙잡힌 아돌프 아이히만이 법정에 섰어. 괴물을 일반인과 격리하려고 방탄유리로 만든 칸막이까지 쳤지.

아이히만은 정말로 괴물이었을까? 철학자 한나 아렌트(Hannah Arendt)는 전쟁범죄자를 직접 보려고 재판을 참관했어. 그리고 '악의 평범성(Banality of evil)'이라는 개념을 제시한 기사를 썼지.

무기력한 눈빛, 웅크린 왜소한 체격.
하지만 아이히만은 최종 결정을 집행한 공무원이었어.
철저히 나치의 구호만을 따랐지. 아렌트는 악의 실체는
무분별과 순응주의임을 깨달았어.

세상 모든 사람이 가장 많이
공유한 결점이지.

인간은 약하고 복종적이기 때문이야. 그래서 악행을 저지르고 인권을 무시하는 거야.

르네와 엘러너는 진지했어. 아무리 잘 쓰더라도 고작 선언문으로 그런 상황에 맞설 수 있을까?

인간의 문제는 희생이 있어야 비로소 배워나간다는 거야.

모든 인권선언문은
수많은 희생과
함께 탄생했어.

마치 다시 비극이
일어나지 않도록
액막이라도 하듯이.⁶⁾

내가 탄생하게 한 부모는 '좋은' 편인 연합국 출신이었어. 하지만 연합국은 독일 드레스덴과
일본 히로시마, 나가사키에 폭탄을 떨어뜨려서 수많은 민간인을 살상했지.

르네와 엘리너는 각자 자기가 위대한 인권선언문의 대리인이라고 여겼어. 자신이야말로 보편성을
대표한다고 생각했지. 뭐니 뭐니 해도 혁명을 이룩한 프랑스와 독립을 쟁취한 미국 출신이니까.

1789년 8월 26일, 파리. 국민제헌의회는 「인간과 시민의 권리선언」을 채택했어.

자유!

평등!

박애!

단어 하나하나가 혁명적이었던 이 선언문은 내 조상 중 하나야. 특권 타파를 목표로 삼고 모든 시민의 평등을 주장했지.

어찌 됐든 프랑스는 「인간과 시민의 권리선언」을 처음으로 채택하지 않았습니까?

단두대도 처음 만들었죠, 그렇지 않습니까?

정말 그랬어. 파격적인 선언문이 나오고 이어진 수년간은 프랑스 역사상 가장 피가 낭자한 기간이었어.

46

공안위원회

공포

제국

전쟁

비스마르크

체제가 안정되는 데
200년이 넘게 걸렸어.

사라예보 사건

단두대는 1977년까지 사용되었지.

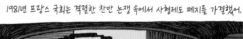
1981년 프랑스 국회는 격렬한 찬반 논쟁 속에서 사형제도 폐지를 가결했어.

엘리너, 초안 제3조를 보면 생명에 대한 권리에 '법정에서 유죄 판결을 받지 않으면'이라는 조건을 붙였잖아요.

미국은 1776년 7월 4일 독립을 선언하면서 모든 사람에게 자유를 추구할 권리가 있음을 천명했어.[7]

우리 두 사람의 나라는 아직 사형 제도가 시행되고 있어요. 하지만 저는 역사의 방향은 사형 제도의 폐지 쪽으로 가리라고 생각합니다. 그러니 크게 봐서 이 부분을 뺍시다.

아시다시피 미국에서 이 문제에 대해서는 이견이 있습니다. 하지만 당신 편에 서도록 하지요.

제3조 모든 사람은 생명을 가질 권리, 자유를 누릴 권리, 그리고 자기 몸의 안전을 지킬 권리가 있다.

생각해봐요, 르네. 미국의 장점은 아무것도 없는 데서 다시 시작했다는 겁니다. 독립선언문에서 우리는 모든 인간이 평등하다고 단언했지요.

우리는 100년마다 종교전쟁을 한다든가, 왕들의 목을 자를 필요가 없었죠.

엘리너, 한 가지 중요한 사실을 잊으셨네요.

미국 건국의 아버지들은 흑인이나 원주민을 인간으로 여기지 않았잖아요.

'오십보백보'라는 얘기지.

48

흑인 노예무역은 역사상 가장 끔찍한 반인륜 범죄로 손꼽혀. 흑인을 노예로 전락하게 하는 것이
한 민족을 신체적으로 말살하는 것은 아니지만, "저들은 인간이 아니다."라는 똑같은 생각을 바탕으로 하기 때문이야.

제4조
어느 누구도 노예가 되거나 타인에게 예속된
상태에 놓여서는 안 된다. 노예제도와
노예매매는 어떤 형태로든 일절 금지된다.

수백 년 동안 수백만 명의 아프리카 남녀, 어린이가 고향에서 강제로 끌려 나와
아메리카 대륙의 목화밭, 사탕수수밭, 커피 농장에서 일꾼으로 일했어.

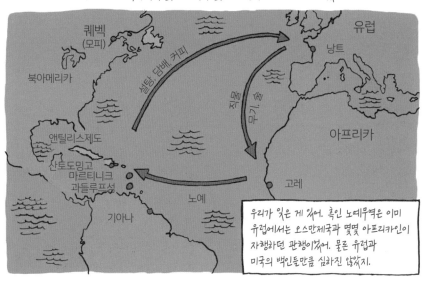

우리가 잊은 게 있어. 흑인 노예무역은 이미
유럽에서는 오스만제국과 몇몇 아프리카인이
자행하던 관행이었어. 물론 유럽과
미국의 백인들만큼 심화진 않았지.

세네갈 다카르에 있는 고레섬(Île de Gorée)에서 부끄럽고 억압적인 과거 노예무역의 흔적을 확인할 수 있지.[2]

유럽인이 '인권'을 이유로 '노예제도를 폐지'한 건 19세기에 들어서였어.

저항자의 방

내 고고한 조상들인 1789년의 「인간과 시민의 권리선언」도, 1776년의 「독립선언문」도 노예제도를 금지하지 않았지.

엘리너, 당신이 그토록 자랑스러워하는 자유가 실현되려면 노예제도를 최초로 폐지한 링컨 대통령과 남북전쟁이 필요했죠.

하지만 여전히 눈물겨운 상황이 이어지고 있어. 내 딱한 부모는 내가 태어난 지 수십 년이 흘렀어도 여전히 다양한 형태의 노예가 남아 있는 현실을 상상이라도 했을까?

인신매매가 금지되었지만 여전히 엄청난 수입원이라는 현실은? 아직도 많은 나라에서 아동노동이 만연하다는 현실은?

가혹한 현실이야. 권리를 챙기기 전에 먼저 모든 인간에게 인간의 지위를 부여해줘야 했는데.

제23조

1. 모든 사람은 직업을 자유롭게 골라서 일할 권리를 갖는다. 노동조건은 일하는 사람에게 공정하고 유리한 것이어야 하며, 일터를 잃지 않도록 보호받을 권리가 있다.
2. 차별 없이 동일 노동에 대해서는 동일 임금을 받을 권리를 갖는다.
3. 일에 대한 대가는 일한 사람과 그 가족이 인간다운 생활을 누릴 수 있는 수준이어야 한다.

그래도 의문을 제기하는 건
죄가 아니었어.

16세기 신학자들은 신대륙에 살던
원주민의 지위에 대해서 논했지.

프란시스코 데비토리아[9], 수아레스[10], 라스카사스[11]는 모두
에스파냐인이 만난 원주민을 개종하게 해야 하는지,
그들이 인간으로서 정확히 어떤 지위를 누려야 하는지를 물었어.

비토리아는 「인디오에 대해서(De indis)」라는 강의에서 에스파냐인의 지배를 받기 전 신대륙 주민은 자연권을 거리낌 없이 누렸다고 주장했어.

정복자의 귀에는 이러한 지성인들의 외침이 전혀 들리지 않았지.

흑인, 백인, 유대인, 기독교도, 이슬람교도,
아메리카 원주민…. 거의 모든 문화권에서
착취와 지배를 당하는 여성도 빼놓을 수 없지.
인류의 역사는 차별과 불화로 점철되어 있어.

사실 인종은 딱 한 가지밖에 없어. 20~30만 년 전
동아프리카에서 탄생했지. 나머지는 모두 쓸데없는
잡소리나 정체성 망상일 뿐이야.

다들 알다시피 과학적으로도 확실한 증거가 있어.

인도양

대서양
남부

내가 인류의 상황에 대해 가장 중요한 사실만 대충 짚어볼게.

《인류에 대하여…》

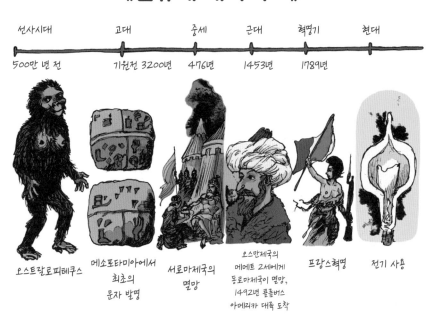

선사시대	고대	중세	근대	혁명기	현대
500만 년 전	기원전 3200년	476년	1453년	1789년	

오스트랄로피테쿠스

메소포타미아에서
최초의
문자 발명

서로마제국의
멸망

오스만제국의
메메트 2세에게
동로마제국이 멸망,
1492년 콜롬버스
아메리카 대륙 도착

프랑스혁명

전기 사용

안타깝게도 네안데르탈인은 호모사피엔스를
만나고 얼마 지나지 않아 멸종해버렸지.

같은 인종끼리도 죽고 죽이는데 '사촌' 격인 다른 인종에게는
얼마나 잔인한 짓을 할지 상상만 해도 소름이 돋지.

오스트랄로피테쿠스

호모하빌리스

호모에렉투스

옛 호모사피엔스

로모사피엔스는 수천 년 만에 지구를 정복했어.

6만 년 전

처음으로 다른 지역으로 이주한 건 7만 년 전이었지.

4만 년 전

3만 5000년 전

신대륙이 발견되고 르네상스 시대가 되어서야
비로소 여러 문명이 본격적으로 '만나기' 시작했어.

1만 5000년 전

화기애애한 만남이 아니라 보통은
총과 칼, 몽둥이를 동원한 것이었지.

세계화? 용어가 나온 지는 얼마 되지 않았지만
그 현상은 벌써 오래전부터 있었어.

수백 년 동안 유럽의 여러 나라가 다른 대륙의 주인인 양 행세했어.
영국, 프랑스, 에스파냐(스페인)가 주도했고 네덜란드, 포르투갈, 독일, 벨기에도 한몫 거들었지.

1948년, 사람들이 나를 한 줄 한 줄 작성하며 '인권법의 십계명 판'이 되길 염원할 때
수많은 영토를 여전히 유럽 국가들이 지배하고 있었어.

자유와 평등이라는 아름다운 원칙 한편에는
식민 지배자의 오만이 도사리고 있었지.

이건 말도 안 됩니다. 우리는 지금 노예 시대를 사는 게
아니잖습니까. 하지만 전 세계적으로 수많은 사람이 가혹한
대우를 받고 사실상 지배되고 있습니다.
아프리카에 대해서 어떻게 생각하십니까? 동남아시아는요?

저는 인권선언문이 식민지의
존재를 인정하면 상당히
불쾌할 것 같습니다.

이분은 찰스 말리크(Charles Malik)야. 위원회의 일원이며 레바논 사람이지. 자기 출신 지역을 십분 활용해서 서양에서는 정신을 중요시하는 유심론자로, 동양에서는 이성주의자로 통했어.

우리는 인권을 다룹니다. 국가의 권리가 아니라요. 지정학적인 토론에 말려들어 가지 말자고요.

제 생각에도 식민지 시대는 이제 지나갔어요. 하지만 우리는 이상과 현실이 조화로이 어울리게 해야 해요. 문을 활짝 열어놓고 우리가 전 인류를 위해 일했다는 사실을 보여줍시다.

제2조

어떤 사람이 속한 곳이 독립국이든, 신탁통치령이든, 비자치령이든, 그밖의 어떤 주권 상의 제약을 받는 지역이든 상관없이, 그곳의 정치적 지위나 사법관할권상의 지위 혹은 국제적 지위를 근거로 사람을 구분해서는 절대로 안 된다.

나는 보편적인 인권을 인정해. 그래서 어쩔 수 없이 식민지에 대해 질문을 던지게 되었지.
식민 지배를 당하는 민족이 '자유롭다'고 할 수 있는가?

또한 나는 내국인과 외국인을 전혀 차별하지 않아.
내가 '보편적'이라는 이유가 바로 여기에 있지.

내가 태어난 뒤 여러 해 동안 탈식민화가 폭넓게 진행되었지.
특히 아프리카에서는 20년도 채 지나지 않아
수많은 나라가 독립국이 되었어.

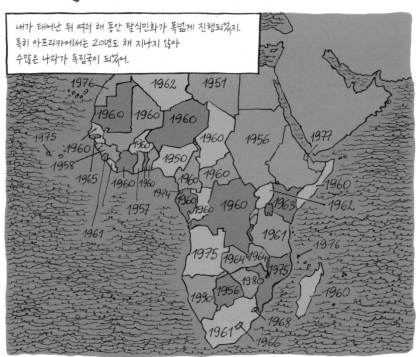

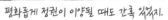
평화롭게 정권이 이양될 때도 간혹 있었지.

그렇지 않을 때도 있었고.

제가 보기엔 제3조도 문제가 있습니다. 국경 내에서 자유롭게 이전하고, 자국을 떠날 권리를 인정하잖아요.

그런데 다른 국가가 이들을 받아들일 의무는 언급하지 않았어요. 피란민은 예외지만요.

정말이에요. 제3조는 최고로 역설적인 조항이죠.

제13조
1. 모든 사람은 자기 나라 내에서 어디에든 갈 수 있고, 어디에든 살 수 있는 자유를 누릴 권리가 있다.
2. 모든 사람은 자기 나라를 포함한 어떤 나라로부터도 출국할 권리가 있으며, 또한 자기 나라로 다시 돌아올 권리가 있다.

누구나 어디서든 받아들여질 권리가 있다고 강조하길 바라는군요?

바로 그겁니다!

사람들이 필요하다면 어떤 국가건 국경을 넘어 이주할 권리를 행사할 수 있는 세상에서 살게 되는 걸 우리가 준비한다고 생각해봐요.

대중교통도 상황을 바꿀 겁니다. 자국에서 박해를 받는 난민은 반드시 떠날 수 있어야 해요.

굶주리는 사람들은 더 풍요로운 곳을 찾아갈 수 있어야 하고요.

어느덧 21세기에 접어들었지만 정말 그렇게 되었을까? 서구 국가의 여권으로는 거의 못 갈 곳이 없는데, 아프리카 여권으로는 거의 갈 곳이 없는 건 어떻게 설명할까?

제 생각도 그래요. 저도 모든 사람이 세계 어디든 갈 수 있고, 어디서든 살 수 있다고 강력하게 주장하지 못해서 아쉽습니다.

영원히 반복되는 문제지요. 인권인가 국가의 주권인가. 실용주의적으로 접근해야 합니다.

말리크 선생을 보니 칸트가 떠오르는군요. 칸트는 150년 전에 벌써 세계시민권이라는 원칙을 제안했지요. 누구나 원하는 곳으로 이동하고 따뜻한 환대를 받을 권리가 있다는 겁니다.

이분은 장펑춘(張彭春)이야. 말리크와 함께 위원회에 소속된 또 한 명의 지식인이었지.

레바논 외교관에게 칸트를 이야기하는 대만의 철학자. 역사의 전환점이 된 그 시기에 흥미로운 '사상의 세계화'가 진행되었어.

저는 우리가 적어도 피란처를 강조해야 한다고 생각해요.
히틀러가 유대인을 어떻게 취급했는지 돌아보며 교훈을 한 가지 얻어야 한다면 바로 피란처가 아닐까요.

그런데 피란처와 이주 문제는 서로 별개로 봐야 합니다. 지금 세계의 상황을 고려하면 국경 전면 개방을 주장하는 건 너무 뜬구름 잡는 소리니까요.

아무도 우리 의견에 따르려 하지 않을 거예요.

제14조
모든 사람은 박해를 피해 다른 나라에서 피난처를 구할 권리와 그것을 누릴 권리를 가진다.

하지만 전쟁이 끝난 직후니까 비호권의 필요성을 주장하기에는 시기가 아주 적절하죠.

비호권은 1949년 제네바협약 때부터 시행되었어.
냉전 기간에 아주 폭넓게 활용되었지.
그러다 20세기 말이 되자 비호권이 이주를 부추긴다는 논란이 점점 커지게 돼.

1945년 이후 피란처를 구하고 머무는 건 합의된 권리였어.
하지만 70년이 지나자 상황이 완전히 바뀌었지. 부유하고
평화로운 나라들은 난공불락의 요새 너머 오아시스가 되었어.

반면 난민을 대거 받아들이는
가난한 나라들은 인구가
폭발하는 상황이야.

언제까지 이런 말도 안 되는 불균형이 계속될 건지
나는 묻고 또 물어.

언젠가 르네 카생은 내가 '인권법의 십계명 판'과 같다고 한 적이 있어.

종교적 은유를 쓰면 뭔가 좋은 점이라도 있는 걸까?

솔직히 말하면 이런 사건을 보면서 나는 신이 존재하는지 약간 의문을 품게 되었어.

신의 이름으로 살해된 수많은 사람을 보면서 나는 신에게 할 말이 생겼어.

제18조

모든 사람은 사상의 자유, 양심의 자유, 그리고 종교의 자유를 누릴 권리가 있다. 이러한 권리에는 자신의 종교 또는 신앙을 바꿀 자유도 포함된다. 또한 이러한 권리에는 혼자 또는 다른 사람들과 함께, 공개적으로 또는 사적으로, 자신의 종교나 신앙을 가르치고 실천하고 예배드리고 준수할 자유가 포함된다.

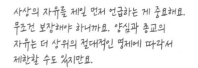

사상의 자유를 제일 먼저 언급하는 게 중요해요. 무조건 보장해야 하니까요. 양심과 종교의 자유는 더 상위의 절대적인 명제에 따라서 제한할 수도 있지만요.

신과 인간, 종교와 정치를 분리하는 역사는 서양에서 나온 것이지요. 동양에서는 모든 것이 더 많이 뒤섞여 있습니다.

정교분리는 아주 중요합니다. 그래야 종교가 없는 사람들도 보호를 받죠.

그 의견에 반대하는 게 아닙니다. 다만 종교적 문제가 이 제18조로 해결되리라고 믿지 않는다는 말씀을 드리는 거죠. 사람들은 계속 보이지 않는 존재를 믿고 싶어 할 겁니다. 또 자신을 집어삼킬 것 같은 외부의 물결로부터 보호해줄 만한 존재를 갈구할 거고요.

서양은 이제 종교가 우표 수집 같은 개인의 취미라고 믿고 있어요. 하지만 종교는 여전히 살아가고 생각하는 방식이지요. 이런 불협화음은 오랫동안 이어질 겁니다. 두고 보세요.

정말 그래. 종교의식에 참석하는 사람이 점점 줄고 있지만 좋은 쪽으로든, 나쁜 쪽으로든 종교 문제는 계속 사회적 논란의 중심에 서곤 해.

어찌 됐든 우리는 의견과 표현의 자유도 강조할 겁니다.

제19조

모든 사람은 의사표현의 자유를 누릴 권리가 있다. 이 권리에는 간섭받지 않고 자기 의견을 지닐 수 있는 자유와, 모든 매체를 통하여 국경과 상관없이 정보와 사상을 구하고 받아들이고 전파할 수 있는 자유가 포함된다.

표현의 자유를 증진하지 말아야 한다는 이야기가 아니에요. 그런다고 행복해질지가 의문이라는 거죠.

표현의 자유는 여러분이 마지막으로 품는 민주주의적 확신이죠.

그게 없으면 서양은 자신을 어떻게 정의해야 할지 몰라요. 그래서 믿어붙이는 거예요.

저기요, 장 위원님. 표현의 자유 위에 뿌리내린 민주주의를 지키고자 수백만 명이 죽었어요. 그런 생각은 하지 않나요?

위원장님은 미국인이시죠. 표현의 자유를 마치 애덤 스미스[12]가 시장의 법칙을 옹호하듯이 믿으시네요. 모두 하고 싶은 말을 다 할 수 있는 세상이 더 평화롭고 현명할 것 같습니까?

위원장님이 틀리셨다는 게 아닙니다. 그저 두고 보자는 것이지요.

나는 사회권을 일일이 언급해. 그럼으로써 내 안에 포함된 다양한 권리의 본질과 중요성,
그리고 개념상의 차이를 드러냈지.

솔직히 이 선언문에서 사회복지권을 언급하는 것이 정말 중요한 일일까요?

엘리너, 우리는 전 인류의 인권이라는 세계적 유산을 남기는 겁니다. 차세대의 인권은 완전히 그 유산의 일부가 되어야 해요.

보통 인권을 2세대로 나눠. 1세대는 자유를 주장한 시민혁명에서 이룬 자유권이야.

결사, 신념, 표현, 즉 정신의 자유지. 프랑스와 미국의 인권선언문을 예로 들 수 있어.

2세대는 18~19세기 농지, 광산, 공장의 노동자에게서 태어난 사회권이야.

산업혁명과 함께 탄생한 노동자 계급은 무척 비참한 상황에서 살아갔었어.

국가가 제도를 만들어서 개인을 보호해야 한다는 '사회권'을 추구하는 신념이 점점 퍼져갔어.

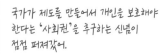

국가가 만든 최초의 사회보장제도가
20세기에 등장했어.

여러 노동조합의 노력도 사회보장제도가
정착하는 데 한몫했지.

내가 작성될 때, 카생은 서구권과 동구권 가운데에서 옴짝달싹 못할까 봐 걱정했는데,
그 예상은 적중했어. 서구권에서는 개인의 권리를 최우선으로 여기며 신성시하지.
국가는 개인의 권리를 실현하는 데 필요한 도구일 뿐이야.

미 국

소 련

반면 동구권에서는 사회의 권리가
무엇보다 우선이야. 가족, 국가 등 소속된
사회집단에 대한 개인의 의무를 강조하지.

레닌

마르크스

마오쩌둥

이런 구분이 단순히 이데올로기의 차이
때문은 아니야. 역사 때문이지. 역사적으로
유럽인은 기본권을 사회적 투쟁, 혁명의 열매라고
여기는 경향이 있어. 신대륙 정복처럼 말이야.

미국에서는 인권은 자연적이며
하늘이 준 선물이라고 여겨.

카생과 동료들은 이 두 가지 권리는 나눌 수 없다고 여기라고 권해.

아마 그래서 내 선언문 제22조가 결국 쓸데없는 조항이 돼버린 걸 거야.

제22조

모든 사람은 사회의 구성원으로서 사회보장을 받을 권리가 있다. 또한 모든 사람은, 국가의 자체적인 노력과 국제적인 협력을 통해, 그리고 각국이 조직된 방식과 보유한 자원의 형편에 맞춰 자신의 존엄성과 인격의 자유로운 발전에 반드시 필요한 경제적·사회적·문화적 권리를 실현할 자격이 있다.

그때 벌써 냉전 시대의 전형적인 타협이 있었거든. 동구권에서 요구한 사회보장을 인정하고, 그 대신 인간의 '의무'에 대한 거의 모든 내용을 삭제하자는 미국의 요구를 받아들인 거지.

가정과 교육에 대해서조차 국제사회는 견해 차이를 드러냈어.

중요한 건, 가정이 계속 사회의 가장 기초적인 단위로 남아야 한다는 겁니다. 그런데 저는 '이혼'이라는 단어는 피해야 한다고 생각해요.

그건 서구 사회 일부에만 한정된 현실이니까요.

2. 결혼은 오직 배우자가 되려는 당사자 간의 자유롭고 완전한 합의에 의해서만 유효하다.

제16조

1. 성인이 된 남녀는 인종이나 국적, 종교에 따른 어떠한 제약도 받지 않고, 결혼할 수 있는 권리 그리고 가정을 이룰 권리가 있다. 모든 사람은 혼인 기간 중 또는 그것을 해소할 시에는 서로 똑같은 권리를 가진다.

3. 가정은 사회의 자연적이고 기초적인 구성 단위이므로 사회와 국가의 보호를 받을 자격이 있다.

결혼을 중단할 권리도 인정해야 합니다.

내가 태어난 1940년대 말에는 재혼 가정, 이혼, 낙태권 등에 관해서는 아무도 심각하게 생각하지 않았어.

나는 안락사나 동성애에 관한 권리도 언급하지 않아. 그것을 언급하는 사람이 아무도 없었거든.

이 문제에 관해서 피할 수 없는 관습의 차이를 극복하고자 '이혼'보다는 '해소'라는 단어를 제안합니다. 제가 보기엔 그게 더 중립적인 단어 같군요.

그런데 사람들을 친밀한 관계로 묶자고 주장하는 건
이미 실패했잖아?

세계 곳곳에서 벌어지는 이런 열띤 논란을 봐.
인권의 발상지에서도 예외는 아니지.
생각해봐야 해.

동성혼 반대

가정, 교육, 도덕. 모든 사회에서 끊임없이 신경을 쓰는 영역이야.
지금 나는 누구이고, 내일 나는 어떻게 될까?

제26조

1. 모든 사람은 교육 받을 권리가 있다.
   (중략) 교육은 인격을 온전하게 발달시키고,
   인권과 기본적 자유를 더욱 존중할 수
   있도록 그 방향을 맞춰야 한다.

나를 어떻게 불러야 했을까?

르네 카생은 한 가지 중요한 점을 지적했어. "국제적이 아니라 보편적인 선언문이 되어야 한다." 선언문의 발상, 대상자, 내용이 두루 보편적이어야 한다는 얘기야.

어쨌든 나보다 먼저 나온 선언문들은 모두 지역적이었거든. 나는 명백하게 전 인류를 아우르는 최초의 인권선언문이야. 내 어디에도 어떤 '국가'에 한정하는 표현이 없어.

인류 역사상 최초의 계명에는 신이 명령하는 것, 금지하는 것 들을 "해라, 하지 마라"라는 식으로 줄줄이 늘어놓았어.

나를 작성할 땐 "우리는 모두 (…) 권리가 있다."라는 표현을 썼지. 그리고 "인격이 자유롭고 완전하게 발전할 수 있는, 그런 사회를 만들어나갈" 의무를 진다고 썼어(제29조). 주목할 만한 발전이지.

1945년에는 아우슈비츠 유대인 대학살만 있었던 게 아니야. 히로시마 원폭도 있었지. 그러다 결국 자멸할 수도 있다는 걸 인류는 절실히 깨닫게 되었어.

한 사람, 한 사람이 보호할 만한 가치가 있다는 사실도 함께 깨달았어.

처음으로 이 문제가 국가보다, 종교보다,
이데올로기보다 더 중요하게 여겨졌지.
이건 우리가 얻은 것이야.

국제사면위원회

하지만 잃은 건…

베트남 전쟁

지난 70년의 역사를 돌아보면 내가
대체 무슨 소용이 있는 건지 의심스러워.

톈안먼 사태

그래, 제3차 세계대전은 없었지.

하지만 수많은 국지전, 내전,
인종 청소가 벌어졌잖아.

파란 유엔기를 단 병사들이 무기력하게 지켜보는 가운데 백만 명이 학살될 때 비극은 절정을 향해 치달았지.[3]

르완다 집단 학살

세상은 아수라장, 누가 더 거만한지 겨루는 대회장이 되었어. 그래서 나는 진지하게 생각해봐.
지금 나를 작성하고 유엔 총회에서 표결에 부치면 다수표를 받을 수 있을까.

물론 긍정적으로 바라볼 수도 있지. 유리컵이
반이나 차 있다고 말이야. 그리고 내가 있었기
때문에 세상이 덜 나빠졌다고 생각할 수도 있지.

결국 나는 대체할 수 없는 정의의 기준이 되었잖아?
나는 72개가 넘는 인권에 관한 국제조약과
협정의 출발점이 되었지.

넬슨 만델라

보편적인 인권을 선언하는 것이 의미가 있을까? 글 몇 줄이 이토록 어마어마한 증오에 맞서서 뭐 할 수 있을까?[14]

그래도 가끔 나는 생각해. 영원히 계속되는 건 없다고.

이 절망적인 지구가 사라지고 태양이 50억 년 뒤에 폭발한다고 해도, 인간은 그전에 이미 사라졌을 거야.

서로 죽이면 안 된다고 지겹도록 반복해서 말하고 글로 써야 하는 인류, 멸종의 날이 되면 인류의 변덕도 부질없어 보이겠지.

나는 그저 내가 태어난 이유대로 살고 있어. 무지, 증오, 공포에 맞서는 연약하지만 실질적인 성벽으로.

그리고 만물의 덧없음과 망각에 맞서는 다리로.

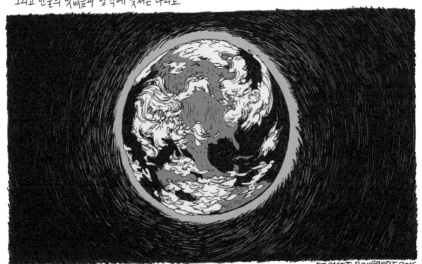

DE SMET+BOUWRERT-2016

미주

1) 그림에 등장한 문구는 2015년 1월 7일, 이슬람 원리주의자 두 명이 이슬람교 풍자 만평을 실었던 주간지 『샤를리 에브도(Charlie Hebdo)』 본사에 테러를 가해서 12명이 사망하고 10명이 부상한 사건을 추모하는 내용이다.

2) "일하면 자유로워질 수 있다(Arbeit Macht Frei)." 아우슈비츠 강제 수용소 입구에 새겨져 있던 문구.

3) 수정의 밤(Kristallnacht) : 1938년 11월 9일, 파리 주재 독일 외교관이 유대인 차별에 항의하는 유대인 청년에게 피살된 사건을 핑계 삼아 나치 대원들이 독일 전역의 수만 개에 이르는 유대인 가게를 약탈하고 250여 개에 유대교 사원에 방화했던 날. 당시 깨진 유리창 파편이 반짝거리며 거리를 가득 메웠다고 해서 '수정의 밤'이라고 불린다.

4) 나치 군인이 상점 창문에 페인트로 무언가를 칠하고 있다. 1933년 1월 권력을 잡은 독일 나치는 4월부터 유대인 상점 창문에 육각 모양의 노란색 '다윗의 별'을 그리고, '유대인(Jude)'이라고 써서 구별했다.

5) 그림에 등장하는 책의 제목은 '형법'이다.

6) 그림에서 불에 타고 있는 문서는 「인간과 시민의 권리선언」과 「권리장전」이다.

7) 그림에 등장한 문서는 1776년 7월 4일 미국 의회가 선포한 「미국 열세 개 주의 만장일치 선언」이다.

8) 고레섬은 노예무역의 종착역으로, 이곳에서 노예를 모아 유럽으로 향하는 배에 실었다. 노예를 가둬두었던 서른아홉 채의 집은 모두 바다를 마주하고 있었는데, 아프리카 내륙에서 잡혀온 노예는 대부분 수영을 못했으므로 섬 전체가 거대한 감옥의 역할을 했다. 그리고 저항하거나 반란을 기도하는 노예들은 '저항자의 방'에 가둬두었다.

9) 프란시스코 데비토리아(Francisco de Vitoria, 1483~1546)는 스페인의 신학자로, 1526년 살라망카대학의 도미니크파 신학 교수가 된다. 데비토리아가 살라망카대학에서 했던 공개 특별 강의는 사후 『신학 특별 강의(Relectiones theologicae)』(1557)로 출판되었다. 여기 포함된 강의인

「인디오에 대해서(De indis)」와 「에스파냐인의 야만인에 대한 전쟁의 법에 대해서(De iure belli hispanorum in barbaros)」는 국제법의 귀중한 고전으로서 중요시된다.

10) 프란시스코 수아레스(Francisco Suarez, 1548~1617)는 에스파냐의 대표적인 신스콜라철학 학자다. 그라나다에서 태어나 16세에 예수회에 가입하여, 살라망카에서 공부한다. 1571년 아라비아와 세고비아에서 철학을 가르치고, 그 뒤 바야돌리드, 로마, 포르투갈의 코임브라에서도 가르치다가 리스본에서 사망했다.

11) 바르톨로메 데 라스카사스(Bartolomé de Las Casas, 1474~1566)는 에스파냐의 성직자이자 역사가로, 1510년 주교가 되어 아메리카 대륙 최초의 선교사로 신대륙으로 건너간다. 산토 도밍고, 쿠바, 멕시코 등지에서 원주민에게 전교했다. 쿠마나(베네수엘라)에 원주민을 위한 이상적인 식민지를 건설해보고자 노력했다.

12) 애덤 스미스(Adam Smith, 1723~1790)는 스코틀랜드 출신의 자유주의 경제학자. '보이지 않는 손'이 시장을 조절하여 개인의 영리 추구가 공공의 이익으로 연결된다고 주장하며 자본주의의 기초를 닦았다.

13) 1994년, 아프리카 르완다와 부룬디에서 민족 간 갈등으로 인해 불과 100일 만에 약 100만 명에 이르는 사람이 학살당했다. 이때 르완다에는 유엔군이 주둔 중이었지만 강대국 간의 이해관계와 유엔 안전보장이사회 소속 국가들의 반대로 제대로 활동조차 할 수 없었다.

14) 그림에 등장하는 책은 살만 루슈디(Salman Rushdie)의 『악마의 시(The Satanic Verses)』이다. 무함마드를 풍자하고 『코란』을 악마의 계시에 빗댄 소설. 이슬람교를 믿는 많은 나라에서 번역과 판매를 금지했다. 이 책을 규탄하는 시위와 테러가 발생하기도 했으며, 이란에서는 작가의 처형 명령이 내려졌다가 철회되는 등 논란을 불러일으켰다.

세계인권선언

(1948년 12월 10일 유엔 총회 제정)

우리가 인류 가족 모든 구성원의 타고난 존엄성과, 그들의 평등하고 빼앗길 수 없는 권리를 인정할 때, 자유롭고 정의롭고 평화적인 세상의 토대가 마련될 것이다.

인권을 무시하고 짓밟은 탓에 인류의 양심을 분노하게 한 야만적인 일들이 발생하였다. 따라서 보통사람들이 바라는 간절한 소망이 있다면 그것은 바로 모든 사람이 말할 자유, 신앙의 자유, 공포로부터의 자유, 그리고 결핍으로부터의 자유를 누릴 수 있는 세상의 등장이라고 우리 모두가 한 목소리로 외치게 되었다.

인간이 폭정과 탄압에 맞서 최후의 수단으로써 폭력적 저항에 의존해야 할 지경에까지 몰리지 않으려면 법의 지배를 통해 인권을 보호해야만 한다.

오늘날 각 나라들 사이에서 친선관계의 발전을 도모하는 일이 반드시 필요하게 되었다.

유엔의 모든 인민들은 유엔헌장을 통해 기본적 인권에 대한 신념, 인간의 존엄성 및 가치에 대한 신념, 남성과 여성의 평등한 권리에 대한 신념을 재확인했으며, 더욱 폭넓은 자유 속에서 사회 진보 및 더 나은 생활수준을 촉진시키자고 다짐한 바 있다.

유엔 회원국들은, 유엔과 협력하여, 인권과 기본적 자유를 함께 존중하고 준수하며, 그것을 증진하자고 약속하였다.

그런데 이러한 서약을 온전히 실현하려면 인권이 무엇인지 또 자유가 무엇인지에 관해 모든 사람이 공통적으로 이해하는 것이 무엇보다 긴요하다.

따라서 이제, 유엔총회는, 사회의 모든 개인과 모든 조직이 이 선언을 언제나 마음 속 깊이 간직하면서, 가르침과 배움을 통해 이러한 권리와 자유가 존중되도록 애써 노력하며, 국내에서든 국제적으로든, 전향적이고 지속적인 조치를 통해 이러한 권리와 자유가 보편적이고 효과적으로 인정되고 지켜지도록 애써 노력하기 위하여, 모든 인민과 모든 국가가 다함께 달성해야할 하나의 공통 기준으로서 유엔 회원국 인민들과 회원국의 법적 관할 하에 있는 영토의 인민들에게 세계인권선언을 선포하는 바이다.

제1조

모든 사람은 자유로운 존재로 태어났고, 똑같은 존엄과 권리를 가진다. 사람은 이성과 양심을 타고 났으므로 서로를 형제애의 정신으로 대해야 한다.

제2조

모든 사람은, 인종, 피부색, 성, 언어, 종교, 정치적 견해 또는 그 밖의 견해, 출신 민족 또는 사회적 신분, 재산의 많고 적음, 출생 또는 그 밖의 지위에 따른 그 어떤 구분도 없이, 이 선언에 나와 있는 모든 권리와 자유를 누릴 자격이 있다. 더 나아가, 어떤 사람이 속한 곳이 독립국이든, 신탁통치령이든, 비자치령이든, 그 밖의 어떤 주권상의 제약을 받는 지역이든 상관없이, 그 곳의 정치적 지위나 사법관할권 상의 지위 혹은 국제적 지위를 근거로 사람을 구분해서는 절대로 안 된다.

제3조

모든 사람은 생명을 가질 권리, 자유를 누릴 권리, 그리고 자기 몸의 안전을 지킬 권리가 있다.

제4조

어느 누구도 노예가 되거나 타인에게 예속된 상태에 놓여서는 안 된다. 노예제도와 노예매매는 어떤 형태로든 일절 금지된다.

제5조

어느 누구도 고문, 또는 잔인하고 비인도적이거나 모욕적인 처우 또는 처벌을 받아서는 안 된다.

제6조

모든 사람은 그 어디에서건 법 앞에서 다른 사람과 똑같이 한 인가으로 인정받을 권리가 있다.

제7조

모든 사람은 법 앞에서 평등하며, 어떤 차별도 없이 똑같이 법의 보호를 받을 자격이 있다. 모든 사람은 이 선언에 위배되는 그 어떤 차별에 대해서도, 그리고 그러한 차별에 대한 그 어떤 선동 행위에 대해서도 똑같은 보호를 받을 자격이 있다.

제8조

모든 사람은 헌법 또는 법률이 보장하는 기본권을 침해당했을 때 해당국가의 법정에서 적절하게 구제받을 권리가 있다.

제9조

어느 누구도 함부로 체포 또는 구금되거나 해외로 추방되어서는 안 된다.

제10조

모든 사람은 자신의 권리와 의무가 무엇인지를 가려내고, 자신에게 가해진 범죄 혐의에 대해 심판 받을 때에, 독립적이고 불편부당한 법정에서 다른 사람과 똑같이 공정하고 공개적인 재판을 받을 자격이 있다.

제11조

1. 형사상 범죄 혐의로 기소당한 사람은 누구나 자신의 변호를 위해 필요한 모든 법적 보장이 되어 있는 공개재판에서 법에 따라 정식으로 유죄 판결이 나기 전까지 무죄로 추정 받을 권리가 있다.

2. 어떤 사람이 이전에 국내법 또는 국제법 상 범죄가 아니었던 일을 행하거나 행하지 않았던 것을 두고 그 후에 유죄로 판결해서는 안 된다. 또한 범죄를 저지른 당시에 부과할 수 있었던 처벌보다 더 무거운 처벌을 그 후에 부과해서도 안 된다.

제12조

어느 누구도 자신의 사생활, 가족관계, 가정, 또는 타인과의 연락에 대해 외부의 자의적인 간섭을 받지 않으며, 자신의 명예와 평판에 대해 침해를 받지 않는다. 모든 사람은 그러한 간섭과 침해에 대해 법의 보호를 받을 권리가 있다.

제13조

1. 모든 사람은 자기 나라 내에서 어디에든 갈 수 있고, 어디에든 살 수 있는 자유를 누릴 권리가 있다.

2. 모든 사람은 자기나라를 포함한 어떤 나라로부터도 출국할 권리가 있으며, 또한 자기나라로 다시 돌아올 권리가 있다.

제14조

1. 모든 사람은 박해를 피해 다른 나라에서 피난처를 구할 권리와 그것을 누릴 권리를 가진다.

2. 그러나 이 권리는 순수하게 비정치적인 범죄로 제기된 법적 소추, 또는 유엔의 목적과 원칙에 위배되는 행위로 제기된 법적 소추의 경우에는 적용되지 않는다.

제15조

1. 모든 사람은 국적을 가질 권리가 있다.
2. 어느 누구도 함부로 자신의 국적을 빼

앗기지 않으며, 또한 자신의 국적을 바꿀 권리를 부정당하지 않는다.

제16조

1. 성인이 된 남녀는 인종이나 국적, 종교에 따른 어떠한 제약도 받지 않고, 결혼할 수 있는 권리 그리고 가정을 이룰 권리가 있다. 남성과 여성은 결혼 시, 결혼 중, 그리고 이혼 시에 서로 똑같은 권리를 가진다.

2. 결혼은 오직 배우자가 되려는 당사자 간의 자유롭고 완전한 합의에 의해서만 유효하다.

3. 가정은 사회의 자연적이고 기초적인 구성단위이므로 사회와 국가의 보호를 받을 자격이 있다.

제17조

1. 모든 사람은, 다른 사람들과 공동으로 그리고 단독으로 재산을 소유할 권리가 있다.

2. 어느 누구도 자기 재산을 함부로 빼앗기지 않는다.

제18조

모든 사람은 사상의 자유, 양심의 자유, 그리고 종교의 자유를 누릴 권리가 있다. 이러한 권리에는 자신의 종교 또는

신앙을 바꿀 자유도 포함된다. 또한 이러한 권리에는 혼자 또는 다른 사람들과 함께, 공개적으로 또는 사적으로, 자신의 종교나 신앙을 가르치고 실천하고 예배드리고 엄수할 자유가 포함된다.

제19조

모든 사람은 의사표현의 자유를 누릴 권리가 있다. 이 권리에는 간섭받지 않고 자기 의견을 지닐 수 있는 자유와, 모든 매체를 통하여 국경과 상관없이 정보와 사상을 구하고 받아들이고 전파할 수 있는 자유가 포함된다.

제20조

1. 모든 사람은 평화적 집회와 결사의 자유를 누릴 권리가 있다.

2. 어느 누구도 어떤 모임에 소속될 것을 강요당해서는 안 된다.

제21조

1. 모든 사람은 자기가 직접 참여하든 또는 자유롭게 선출된 대표를 통해서 간접적으로 참여하든 간에, 자기나라의 국정에 참여할 권리가 있다.

2. 모든 사람은 자기나라의 공직을 맡을 평등한 권리가 있다.

3. 인민의 의지가 정부 권위의 토대를 이

룬다. 인민의 의지는, 주기적으로 시행되는 진정한 선거를 통해 표출된다. 이러한 선거는 보통선거와 평등선거로 이루어지고, 비밀투표 또는 비밀투표에 해당하는 자유로운 투표 절차에 따라 시행된다.

제22조

모든 사람은 사회의 구성원으로서 사회보장을 받을 권리가 있다. 또한 모든 사람은, 국가의 자체적인 노력과 국제적인 협력을 통해, 그리고 각국이 조직된 방식과 보유한 자원의 형편에 맞춰 자신의 존엄성과 인격의 자유로운 발전에 반드시 필요한 경제적·사회적·문화적 권리를 실현할 자격이 있다.

제23조

1. 모든 사람은 노동할 권리, 자유롭게 직업을 선택할 권리, 공정하고 유리한 조건으로 일할 권리, 그리고 실업상태에 놓였을 때 보호받을 권리가 있다.
2. 모든 사람은 어떠한 차별도 받지 않고 동일한 노동에 대해서 동일한 보수를 받을 권리가 있다.
3. 모든 노동자는 자신과 그 가족이 인간적으로 존엄을 지키고 살아갈 수 있도록 정당하고 유리한 보수를 받을 권리가 있

다. 또한 이러한 보수가 부족할 때에는 필요하다면 여타 사회보호 수단을 통한 부조를 제공받을 권리가 있다.
4. 모든 사람은 자신의 이익을 지키기 위해 노동조합을 결성하고 그것에 가입할 권리가 있다.

제24조

모든 사람은 휴식을 취하고 여가를 누릴 권리가 있다. 이러한 권리에는 노동시간을 적절한 수준으로 단축할 수 있는 권리 그리고 정기적인 유급 휴가를 받을 권리가 포함된다.

제25조

1. 모든 사람은 자신과 가족의 건강과 안녕에 적합한 생활수준을 누릴 권리가 있다. 이러한 권리에는 음식, 입을 옷, 주거, 의료, 그리고 생활에 필요한 사회서비스 등을 누릴 권리가 포함된다. 또한 실업상태에 놓였거나, 질병에 걸렸거나, 장애가 있거나, 배우자와 사별했거나, 나이가 많이 들었거나, 그 밖에 자신의 힘으로 어쩔 수 없는 형편이 되어 생계가 곤란해진 모든 사람은 사회나 국가로부터 보호를 받을 권리가 있다.
2. 자식이 딸린 어머니 그리고 어린이·청소년은 사회로부터 특별한 보살핌

과 도움을 받을 자격이 있다. 모든 어린이 · 청소년은 그 부모가 결혼한 상태에서 태어났건 아니건 간에 똑같은 보호를 받는다.

제26조

1. 모든 사람은 교육 받을 권리가 있다. 적어도 초등교육과 기본교육 단계에서는 무상교육을 실시해야 한다. 초등교육은 의무적으로 실시해야 한다. 보통 사람들이 큰 어려움 없이 기술교육과 직업교육을 받을 수 있어야 하며, 고등교육은 오직 학업능력으로만 판단하여 모든 사람에게 똑같이 개방되어야 한다.

2. 교육은 인격을 온전하게 발달시키고, 인권과 기본적 자유를 더욱 존중할 수 있도록 그 방향을 맞춰야 한다. 교육은 모든 국가, 모든 인종집단 또는 모든 종교집단이 서로 이해하고 서로 관용하며 친선을 도모할 수 있게 해야 하고, 평화를 유지하기 위한 유엔의 활동을 촉진해야 한다.

3. 부모는 자녀가 어떤 교육을 받을지를 우선적으로 선택할 권리가 있다.

제27조

1. 모든 사람은 자기가 속한 공동체의 문화생활에 자유롭게 참여할 권리, 예술을 즐길 권리, 학문적 진보와 그 혜택을 함께 누릴 권리가 있다.

2. 모든 사람은 자신이 만들어낸 모든 학문, 문예, 예술의 창작물에서 생기는 정신적 · 물질적 이익을 보호받을 권리가 있다.

제28조

모든 사람은 이 선언에 나와 있는 권리와 자유가 온전히 실현될 수 있는 사회체제 및 국제체제에서 살아갈 자격이 있다.

제29조

1. 모든 사람은 자신이 속한 공동체에 대하여 의무를 진다. 어떤 사람이든 그러한 공동체를 통해서만 자신의 인격을 자유롭고 온전하게 발전시킬 수 있기 때문이다.

2. 모든 사람이 자신의 권리와 자유를 온전하게 행사할 수 있지만, 다음과 같은 경우에는 예외적으로 그러한 권리와 자유가 제한될 수 있다. 즉, 타인에게도 나와 똑같은 권리와 자유가 있다는 사실을 인정하고 존중해 주기 위해 제정된 법률에 의해서, 그리고 민주사회의 도덕률과 공중질서, 사회전체의 복리를 위해 정당하게 요구되는 사안을 충족시키기 위해 제정된 법률에 의해서는 제한될

수 있다.

3. 그 어떤 경우에도 이러한 권리와 자유를 유엔의 목적과 원칙에 어긋나게 행사해서는 안 된다.

제30조

이 선언에 나와 있는 어떤 내용도 다음과 같이 해석해서는 안 된다. 즉, 어떤 국가, 집단 또는 개인이 이 선언에 나와 있는 그 어떤 권리와 자유라도 파괴하기 위한 활동에 가담할 권리가 있다고 암시하거나, 그러한 행동을 할 권리가 있다는 식으로 해석해서는 절대로 안 된다.

번역: 조효제 (성공회대 교수)

글 | **프랑수아 드스메**

인권 운동가이자 다양한 국제 문제를 다루는 전문 집필가. 브뤼셀자유대학교에서 「주권의 신화: 정당성과 사회계약체의 논법」(2015)이라는 제목의 논문으로 박사 학위를 취득했다. 현재 종교와세속성연구소(C.I.E.R.L.)에서 과학 협력 연구원으로 일한다. 라디오 〈프르미에르 RTBF〉와 일간지 『자유 벨기에』에 칼럼을 기고하며, 다큐멘터리 영화 여러 편의 대본을 공동 집필하기도 했다. 주요 연구 분야는 정치철학과 동시대의 여러 쟁점이다. 소수자의 기본권 보장과 인신매매 퇴치 운동 등을 하는 이주연합센터 '미리아(Myria)'의 센터장을 2015년부터 맡고 있다.

그림 | **티에리 부에르**

호기심이 많고 끊임없이 탐구하는 만화가. 영국 그래픽 예술과 현대 작품에 영향을 받아 다형적이면서도 지극히 개인적인 작품 세계를 발전시키고 있다.

옮긴이 | **이희정**

서울여자대학교 불어불문학과와 한국외국어대학교 통번역대학원 한불과를 졸업했습니다. 현재 다양한 장르의 프랑스 책을 번역하고 있습니다. 옮긴 책으로는 『오듀본, 새를 사랑한 남자』, 『첫번째 과학자, 아낙시만드로스』, 『엄마를 요리하고 싶었던 남자』, 『21세기 지구에 등장한 새로운 지식』, 『안녕, 판다!』, 『학교에서 정치를 해요!』, 『선생님 바꿔 주세요』, 『네 마음의 소리를 들어 봐』, 『어린이 아틀라스』, 『메리 크리스마스 페넬로페』, 『루브르 박물관에 간 페넬로페』, 『바보 같은 내 심장』 등이 있습니다.

그래픽 로직 013

세계인권선언의 탄생
: 1948.12.10.

초판 1쇄 발행 2018년 11월 2일
글 프랑수아 드스메
그림 티에리 부에르
옮긴이 이희정
펴낸이 윤미정

책임편집 성기병
책임교정 김계영
홍보 마케팅 양혜림
디자인 엄세희

펴낸곳 푸른지식 | 출판등록 제2011-000056호 2010년 3월 10일
주소 서울특별시 마포구 월드컵북로 16길 41 2층
전화 02)312-2656 | 팩스 02)312-2654
이메일 dreams@greenknowledge.co.kr
블로그 greenknow.blog.me
ISBN 979-11-88370-24-5 03920

• 잘못된 책은 바꾸어 드립니다.
• 책값은 뒤표지에 있습니다.

이 도서의 국립중앙도서관 출판예정도서목록(CIP)은
서지정보유통지원시스템 홈페이지(http://seoji.nl.go.kr)와
국가자료공동목록시스템(http://www.nl.go.kr/kolisnet)에서
이용하실 수 있습니다. (CIP제어번호: CIP2018033107)